MW01045359

Notes _____

_____ Notes

3

Notes _____

Notes _____

Notes _____

Notes _____

Notes _____

Notes

Notes _____

Notes _____

Notes _____

Notes _____

Notes _____

Notes _____

Notes _____

Notes _____

Notes _____

Notes _____

Notes _____

Notes _____

Notes _____

Notes _____

Notes _____

Notes _____

Notes _____

Notes _____

Notes _____

Notes _____

Notes _____

Notes _____

Notes _____

Notes

Notes _____

Notes _____

Notes _____

Notes _____

Notes _____

Notes _____

Notes _____

Notes _____

Notes _____

Notes _____

Notes _____

Notes _____

Notes _____

Notes _____

Notes _____

Notes _____

Notes _____

Notes _____

Notes _____

Notes _____

Notes _____

Notes

Notes _____

Notes _____

Notes _____

Notes _____

Notes _____

Notes _____

Notes _____

Notes _____

Notes _____

Notes _____

Notes _____

Notes _____

Notes _____

Notes

Notes _____

Notes _____

Notes _____

Notes _____

Notes

148

Notes _____

Notes _____

Notes _____

Notes _____

Notes _____

Notes _____

Notes _____

Notes _____

Notes _____

Notes _____

Notes _____

Notes _____

Notes _____

Notes _____

Notes _____

Notes _____

Notes _____

Notes _____

Notes _____

Notes _____

Notes _____

Notes _____

Notes _____

Notes _____

Notes _____

Notes _____

Made in United States
North Haven, CT
19 September 2021